BRIGITTE HERBERT

Ein Rendezvous mit Gott

Gedichte die
meine Seele
schreibt

novum pro

www.novumverlag.com

Bibliografische Information
der Deutschen Nationalbibliothek:

Die Deutsche Nationalbibliothek
verzeichnet diese Publikation in
der Deutschen Nationalbibliografie.
Detaillierte bibliografische Daten
sind im Internet über
http://www.d-nb.de abrufbar.

Alle Rechte der Verbreitung,
auch durch Film, Funk und Fernsehen,
fotomechanische Wiedergabe,
Tonträger, elektronische Datenträger
und auszugsweisen Nachdruck,
sind vorbehalten.

© 2020 novum Verlag

ISBN 978-3-99107-151-8
Lektorat: Bianca Brenner
Umschlagfoto:
Vitalii Mamchuk | Dreamstime.com
Umschlaggestaltung, Layout & Satz:
novum Verlag
Innenabbildungen: Brigitte Herbert

Die von der Autorin zur Verfügung
gestellten Abbildungen wurden in der
bestmöglichen Qualität gedruckt.

Gedruckt in der Europäischen Union
auf umweltfreundlichem, chlor- und
säurefrei gebleichtem Papier.

www.novumverlag.com

Inhaltsverzeichnis

TRÄNEN DER SEELE	9
ES IST, WIE ES IST	9
FEUERFLAMME	10
TAUTROPFEN	11
KREISENDE GEDANKEN	12
KRISTALL	13
HEIL-KRISTALL	13
SEHNEN	14
GEDANKEN	14
FREUNDE	15
HIMMEL	16
TRANSFORMATION	17
VOLLES GEFÜHL	18
TRÄNEN-REGEN	19
BETENDES HERZ	20
STERBE ... LEBEN	21
ES IST ... SCHREIBEN	22
HERZ ... GEFÜHL	25
BRUDERHERZ	26
HERBST	27
WINTER	28
DAS WEISE FEUER	30
FEUER ... GOTT ... GESPRÄCH	31
SONNENTRAUM	31
HEILIGE	32
FARBENTRAUM	32
GOTTVERTRAUEN	32
ERKENNTNIS...TRAUM	32
MEIN ROTER KATER „BASTA"	33

DER MIT DEM WINDHAUCH SPRICHT	35
SEIN	39
EGO	39
DEIN WEG	39
GOTTES SEGEN	39
ZEIT	40
ZEIT?	40
ALLTAGSWEISHEIT	40
VISION	40
GRENZEN	41
HEIMWEH	41
DU BIST!	41
ERDE ... GOTT ... HIMMEL	42
BUCHE	42
SONNENSTRAHL	42
HEILENDES HERZ	43
GEBET	43
WILDKIRSCHBLÜTEN	44
FÜR UNS	45
LIEBER LORENZ	47
DAS LEICHTE VON DER EICHE UND IHR MUT TUT DIR GUT	51
BEEREN ... FRÜCHTE	52
WUNSCH ... STERN	53
HIMMEL UND ERDE	54
LIEBESSYMPHONIE	55
INNERE WERTE	56
FOLGE DEINEM HERZEN	57
EIN RENDEZVOUS MIT GOTT	58
WAHRE FREUNDSCHAFT	60
LEBEN ... NEBEL	62
SOMMER	66
ENGEL FÜR DIE ERDE	67
SPINNENNETZ	69
VIOLETT ... GESANG	70
ABSCHIED	71

SEI EIN WANDERER	72
HOFFNUNG	74
FREIHEIT	75
ABENDROT	76
LUKE	79
WEIHNACHTEN in SÜDTIROL	80
FEDER ... TANZ	81
DER WEISE	82
REGENBOGEN	82
SEELENHEIL	82
LEICHTSINN	83
ALCHEMIE	83
AUFGEWACHT	83
HALLO WELT	84
ZEIT ZUM SCHREIBEN	85
EMPATHIE	85
LICHT ... SCHUTZ	86
VERZEIHEN	87
GEBET	87
HINGABE	88
SCHWEBE-FÜHLE-TANZE-MIT HERZ	89
SEELEN-MEER	90
DAS TOR ZUM FUJIYAMA	91
LICHTKUGEL	93
GEISTER DER NACHT	94
ENGELSLICHT MIT WORTEN SPRICHT	96
TRAUM-SCHWEBEN	97
DER STURM UND DIE EICHE	99
HERZ-WEG	102
FRÜHLING	103
HIMMELS-AQUARELL	105
ICH-DU-WIR	107
AMETHYST	109
REDEN KANN GOLD SEIN	110
WUNSCH	111
UNTERWEGS SEIN	112

FUNKE	113
DANKBARKEITS-GEBET	114
VERSTEHEN-VERZEIHEN-HEILEN	115
JESUS LIEBT MICH	117
SEELEN-NARBEN	119
DIE ESSENZ	120
TRAUMREISE	122
SCHRITT FÜR SCHRITT	123
ÜBUNG ZU: NICHTS KANN ALLES SEIN	124
LOSGEHEN	125
UNENDLICHKEIT MIT HERZ	126
FARBEN-WUNDER	127
VERTRAUEN	128
ZWEIFEL	129
EINFACH SEIN	130
WIESENBLUMEN-VISION	131
ICH ÖFFNE MEINE HÄNDE	133
MIT HERZ GEHT'S IMMER	134
GEBET	135
ABSCHIED VON EINEM FREUND	137
HERBSTLIED	138

TRÄNEN DER SEELE

Wenn die Seele ihre Tränen zeigt,
dann ist es an der Zeit loszulassen.

ES IST, WIE ES IST

Wenn die Gefühle laut sind,
Dann sind die Worte leise.
Es ist, wie es ist.
So sei es!

Wenn die Farben sprechen,
Dann sprechen sie durch Licht.
Es ist, wie es ist.
So sei es!

Wenn die Natur uns begleitet,
Dann ist es Gottes Wille.
Es ist, wie es ist.
So sei es!

FEUERFLAMME

Feuerflamme
Du verbrennst meine Vergangenheit!
Asche, Asche entsteht.
Asche aus der Vergangenheit.
Aus Asche entsteht Neues.
Neues aus der Vergangenheit?
Ja, das bin ich auch!
Was wäre ich ohne Vergangenheit?
Ich wäre nicht!
Nichts ... Leere ... und doch so viel!
Feuerrot ... Liebe
Feuergelb ... Licht
Feuerblau ... Hoffnung
Leichtigkeit ... Lebendigkeit
Verschmelzung ... Transformation
Innere Ruhe ... Fülle
Vergebung ... Heilung
Wahrheit ... Gottes Wille!

TAUTROPFEN

Im Tautropfen an einem Blatt
Spiegelt sich die ganze Welt.
So rein, so klar.
Ich nehm ihn mit den Lippen wahr.
Die Welt in mir und ich in ihr …
Lebenselixier!

KREISENDE GEDANKEN

Gedanken kreisen
Wie ein Karussell.
Sie rauben mir den Schlaf
Sie sind wie ein Rebell.
Sie geben mir kein' Trost
In meiner großen Not.

Warum mach ich da weiter
So „lustig" und so „heiter"?

Ich hab verstanden
Lebensplan!
Es wird mir ja nicht leicht getan.
Ich habe mir dich ausgesucht!

Nun steh ich da
und nur mit
Verantwortung und Mut
Bring ich die Gedanken
Vom Kreisen zum Schweigen.

KRISTALL

Kristall
Bist hart im Schein
Und sanft im Sein.
Gibst mir die Form
Auch so zu sein.

HEIL-KRISTALL

Kristall
Du lässt auch ohne Worte
Mich suchen nach dem Spirit.
Du lehrst mich auch das Sehnen
Befreist mich von irdischen Schweren.

SEHNEN

Sehnen,
Du bist der Flügelschlag der Seele.
Du bringst mir Glück
Und füllst meine Leere.
Mit Frieden, Glück und ohne Bedingung,
Elektrisierst du durch reine Schwingung.

GEDANKEN

Wenn die Gedanken
Einen nicht beherrschen würden,
So würde man manche Gefahren
Nicht erleiden.

FREUNDE

Lasst uns Freunde
Dieser Erde sein!
Wir haben nämlich
So viel gemeinsam.
Uns allen gehört der Tag,
Die Nacht,
Die Sonne und der Mond.

Nur weil im Morgengrauen
Weicht die Nacht
Und der Tag aufwacht
Heißt es nicht, dass es tags
Die Nacht nicht gibt.

So ist es auch mit der Liebe.
Nur weil wir nicht immer sagen:
„Ich liebe dich"
Heißt es nicht
Dass es die Liebe nicht gibt.

Sie ist immer da.
Sie erhält uns am Leben.
Und selber, bitte, erst mal geben!
Kann es sein dass ich das,
Was ich nicht geben kann,
Auch nicht bekomme?
Kann es sein,
Dass ich erst mal geben muss,
Um dann erst zu bekommen?

HIMMEL

Du bist so fern,
Du bist so nah,
Du senkst dich über mich herab.
Du lässt mich sein,
Du gibst mir Kraft.

Dein Blau lehrt mich die Hoffnung,
Deine Wolken, die Leichtigkeit.
Deine Weite, die Unendlichkeit.
Wenn du weinst,
Dann ist es unser Glück.
Wer kann schon leben ohne Wasser?

Wenn du das Nachtgewand anziehst,
Mit lauter funkelnden Sternen,
Dann möchte ich der Mond sein,
Der unter ihnen weilt,
Um die Sterne
Zu begleiten
In die Ferne.

TRANSFORMATION

Ich war klein, ein Kind
Und meine Seele war groß.
Ich hab sie nicht verstanden.
In der Verzweiflung
Da sagte ich schon mal: „Ich will sterben!"

Wollte ich vielleicht sterben,
Um wiedergeboren zu werden?
Hoffte ich, dass ich den Weg
Nicht zu gehen brauchte,
Der mir Leid brachte?

Nun bin ich groß und „alt"
Und lebe immer noch.
Will aber nicht mehr sterben;
Weil ich mit dem Herzen meine Seele verstehe
Und weiß, dass nach dem Leid
Ich immer reicher werde
An Erfahrungen und Zufriedenheit.

VOLLES GEFÜHL

Manchmal fühle ich etwas,
Ich weiß es ganz genau
Und kann es nicht in Worte fassen!

Vermutlich würden es die Worte
Nicht wiedergeben können.
Wahrscheinlich
Würde ich es so verändern,
Dass ich etwas ganz anderes sagen würde.

Es gibt nicht immer ein Wort
Für das, was man gerade fühlt.
Hauptsache, es fühlt sich richtig an.

Und wenn,
Dann ist es ein volles Gefühl,
Ein Sehnen.
Ein volles Herz.
Rein, klar und unverfälscht;
Ehrlich, unendlich.
Es ist ein Leuchten.
Es ist die Wahrheit.
Es ist Liebe.
Die Liebe zu dir selbst …

TRÄNEN-REGEN

Regentropfen
Du holst hervor
Meine eigenen Tropfen.
Die nennen wir Menschen Tränen.
Tränen sind das „Salz des Lebens".
Tränen sind die „Würze des Schicksals".
Es ist ein Geben
Aus dem inneren Selbst.
Tränen zu geben
Ist keine Schwäche
Es ist die Sprache des Herzens.
Du gibst
Und bekommst
Erlösung
Erleichterung.

Damit meine ich
Tränen des Glücks
Der Demut
Der Dankbarkeit
Und nicht jene
Des Egos
Der Wut
Der Unzufriedenheit.

BETENDES HERZ

Wenn ich bete,
Schließe ich meine Gefühle
In mein Herz.
Ich öffne mein Herz
Und fühle, das Beten hilft.
Ich bin nicht allein.
Ich fühle mich geborgen.
Ich fühle mich verstanden.
Ich empfinde Dankbarkeit und Demut.
Beten heißt Lieben ... Lieben heißt Beten.

Was wäre ein Leben ohne Liebe?
Es wäre wie eine Blume ohne Blüte
Ein Gesicht ohne ein Lächeln
Eine Wüste ohne Wasser
Eine Katze, die nicht schmusen kann
Ein Blick ohne Verständnis
Eine Heilpflanze ohne Wirkung
Ein Baum ohne Wurzeln...

Ich lerne von den Bäumen
Und lerne von den Pflanzen.

Und sage Danke mit:
Selbstannahme
Kraft
Mitgefühl
Vertrauen und einem ... Lächeln.

STERBE ... LEBEN

Eigentlich lebt man zuerst
Und dann stirbt man…
Wenn man aber vor dem Leben stirbt?
Da weint die Seele bei so einem Gedanken!

Ich schließe ihn ins Herz
Ich kann loslassen … Freiheit ist da!

ES IST ... SCHREIBEN

Schreiben ist für mich
Ein Sehnen
Ein großes Gefühl
Das zu Papier will.
Es sind Emotionen
Aus meinem tiefsten Inneren.

Es ist ... die Verbindung
Von Himmel und Erde.
Von Mensch zu Gott.
Ein Reichtum.
Nicht im Materiellen
Sondern im Spirituellen.

Es befreit.
Es sind Flügel meiner Seele.
Es ist wie eine Transformation
Gleich der Raupe
Die zum Schmetterling wird.
Es ist ... ein Licht
Das mir den Weg beleuchtet.
Es lässt mich SEIN.
Es ist ... die Wahrheit
Es ist, wie es ist!
Es ist – ein Handeln.
Ein Auflösen der Probleme.
Weil es ein Loslassen ist ...
Ist es ... Freiheit.

Es hat die Leichtigkeit eines Blattes,
Das vom Wind getragen wird.
Wie ein Grashalm im Sturm
Er legt sich nieder
Und steht umso schöner wieder auf.
Wie eine Feder
Vom Winde verweht.

Ich bleibe keine Knospe –
Ich werde zur Blüte
Und verschwinde als Duft.
Was bleibt?
„Schrei … ben"
Heißt:
ICH BIN, wenn ich „Schrei … be".
Ein „Schrei" wird befreit!
Was bleibt ist … ICH BIN
Ist Stille
Ist Meditation
Bis zum nächsten „Schrei"!
Dann schreibe ich wieder
Und so schließt sich der Kreis.
Die Unendlichkeit beginnt
Und alles fängt von Neuem an.
Es gibt kein Ende und keinen Anfang.
Es ist … im Fluss
Es ist … ein Kontinuum.
Es ist … das höchste Gesetz meiner Seele.
Es ist … wie es ist.
So soll es sein
Und ich lass es sein!
Denn … es ist … schreiben.

HERZ ... GEFÜHL

Früher war ich von Gefühlen beherrscht.
Habe nicht gewusst,
Was sie bedeuten.
Ich war „zu Tode betrübt".

Seit ich sie bewusst und aufmerksam
Wahrnehme,
Fühle ich nur noch „himmelhochjauchzend"!

Heute beherrsche ICH die Gefühle;
Ich sage: „ Los ... Geh ... Fühle"!
Denn sie bereiten mir keine Angst mehr.

Und das hat mein Herz vollbracht,
Da ich es zugelassen und nicht verdrängt hab.

BRUDERHERZ

Du wurdest mir geschenkt
Von unseren großartigen Eltern.
Möge Gott die Mama selig haben
Und den Vater vor Leid beschützen.
Wir schauen nach vorn.
Hoffen, dass wir uns noch viele Jahre haben.
In guter Gesundheit.
Nichts ist wichtiger
Als der seelische Frieden
Die Zufriedenheit
Und zu akzeptieren
Was wir nicht ändern können.

HERBST

Du bist der, der die Blätter färbt.
Wie du mit Leichtigkeit
Deine Bäume schmückst!
Und die Blätter Mutter Erde wiedergibst!

Der Wind erlaubt sich ein letztes Spiel
Denn er spürt
Dass du uns die Leichtigkeit
Vom Abschied … Nehmen lehrst.

Ruhe, Stille und das Loslassen …
Versteckte Botschaften
Im gelben, orangen, rostroten Farbenspiel.

Es sind die Farben unserer „Mitte".
Sie sind ein Geschenk an uns
Und eine Bitte …
Das Herbstgeschehen nun genießen
In Dank und mit Würde
Lass es fließen!

WINTER

Wie du mit deinem weißen Kleid
Uns lehrst die Reinheit!
Du bringst uns zur Besinnung
Auf dem Weg der Entschleunigung.
Deine Engel sind die Schneeflocken.
Wie sie spielen und frohlocken
Tanzend ihren Winterreigen –
Während wir zur Ruhe neigen.
Einen Punsch und eine Kerze
Auf dem Schoß die schnurrende Katze.
Und im Ofen brennt das Feuer ...

Feuerflamme ...
Auch du bringst mich zur Besinnung
Durch deine reine Schwingung.
Was kann mir der kalte Winter,
Und sei es noch so finster,
Wenn du meine Seele wärmst?

Nun nehme ich mit allen Sinnen
Das Wintergeschehen wahr
Und versinke in meinen Träumen
In den verdienten Winterschlaf.

DAS WEISE FEUER

Das Feuer brennt
Der Ofen gibt Raum den Flammen
Die mir sagen und zuraunen:
„Schau her, wie meine Flammen
Sich wiederspiegeln, tanzend an der Decke!
Wozu die Hetze?
Tanze, knistre und sei fröhlich!
Es ist nicht nötig
Schmerz und Leid in dir zu halten!
Schenk sie mir
Ich will schon walten
Sie verbrennen und wegwischen
Deiner Seele dunkle Nischen!"

Wie das Feuer im Ofen brennt
Und es meinen Namen nennt …
Da, hab ich erkannt
Und hab verstanden
Dass der weise Rat der Flammen
Mich grad lehrt
Liebe, Wärme und Licht
Sind nicht verkehrt.

Wenn dann … aufflammt meine Leere
Brennst du … Feuerflamme … in meine Seele.

Und wenn wieder aufflammt meine Leere
Brennst du … Feuerflamme … in meine Seele.

FEUER ... GOTT ... GESPRÄCH

Wie das Feuer im Ofen brennt
Und es Deinen Namen nennt ...
„Gott, Oh Herr", flüstert es
„Hab Dank für Deine Gnade
Dass ich lodern darf ... und schade ...
Denn ich verbrenn so manche Zeile
Die an Dich gerichtet;
Du, mit Weile
Hellst auf unsere Träume;
Und die Gedanken
Bringst Du nicht zum Wanken.
Hab Dank, Oh Herr!
Oh Herr, hab Dank!"

SONNENTRAUM

Wenn die Sonne mal nicht scheint,
dann müssen wir die Sonne sein.

HEILIGE

Heilige wissen
Worauf Sie sich einlassen.
Das ist der einzige Unterschied
Zu mir einfachem Menschenkind.

FARBENTRAUM

Wann ist es ideal zum Schreiben?
Was trägt dazu bei?
Die Farben!

GOTTVERTRAUEN

Ich vertraue auf Gott
Dass erhört wird mein Wort.

ERKENNTNIS...TRAUM

Seit ich mit Gott in Zwiesprache
getreten bin,
bin ich wirklich wie ein anderer Mensch.

MEIN ROTER KATER „BASTA"

Es war einmal ein roter Kater
Der adoptierte ein nettes „Madel" ...

So will ich dir danken
Für deine Freundschaft.
Du lehrtest mich
Das Vertrauen nicht zu verlieren
Ins Leben
Und in die Menschheit.
Geduld zu haben
Nicht zu verzagen.
Nicht aufzugeben, wenn ich was brauche.
Gefühle sofort zu zeigen
Nicht in mir zu halten und auch nicht zu weinen.
Würde und Tapferkeit hast du gehabt
Damit hast du dir Respekt verschafft.
Einfach so
Weil du bist
Wie du warst
Weil es dich gibt
Noch immer
In meinem Herzen.
Vergessen werde ich nie
Deine Blicke und deine Schlauheit
Deines Alters Weisheit!
Und im Winter, wenn es schneite
Und der Schnee war frisch und trocken
Locktest du mich raus zum Spielen
Wenn sie fielen
Und frohlockten
Die glänzenden Schneeflocken.
Clever und gescheit

Warst du immer für einen Streich bereit.
Um mich aus dem „Stressless" zu locken
Somit für dich
Den Königsplatz zu ergattern
War dein Täuschungsmanöver der Köder:
„Ich will raus!
Um ohne zu verzagen
Nach Kohlmeisen und Amseln zu jagen!"
Ich, die dir jeden Wunsch erfüllte
Erhob mich natürlich
Ohne zu „murren" …
Schwupps, so schnell konnte ich gar nicht schauen
Du warst im „Stressless", lecktest deine Krallen.

Ja, so ging es rauf und runter
Der alte Kater war putzmunter.

Ich könnte einfach so weiterschreiben…
Nur für dich
Meinen „Schmusen … Schnurrer" mit Krallen:
Ja, halt erlebenswert und vollkommen.
Hab Dank für die Erinnerungen.

DER MIT DEM WINDHAUCH SPRICHT

Dort, wo die Indianerpfähle stehen
Lebt er, „Der mit dem Windhauch spricht".
Ich schaff es noch in diesem Leben
Ihn zu besuchen, sicherlich.

Charismatisch und verschmitzt
Wie Du aus dem Antlitz blitzt!
Ich sah Dein Buch
Und war entzückt
Ja, wie verrückt
Von Deinem prachtvollen Schmuckstück.

Du „windhauchst"
Dem stillvollsten Wesen ... dem Stein
All deine Seele hinein.

Nun kann der Stein
Endlich zu uns sprechen
Zu uns
Denjenigen
Ungläubigen
Die meinten
Dass Steine nicht lachten
Und nicht weinten.
Sie können zuhören und speichern
Das Glück und das Leid aller Zeiten.
Sie lehren uns das Staunen
Und wollen uns zuraunen:
„ROLLT" auf „ZU NEUEN UFERN"
Denn wir sind „KUNST AUS LEIDENSCHAFT"
Was der „SCHAMANE" hat geschafft
In seinem „REICH"
Um „ABHEBEN ... UM ZU ENTSCHWEBEN"

Herrlich
Alle Sinne
Vereint in einem Steine!

Womit Du auch „treffend ausgedrückt"
Mich so sehr „entzückst"
Das sind die Farben
Mit denen Du schmückst
Die Steine und die Pfähle
Deiner Schamanen ... Seele.

Es sind auch die Farben meiner Seele
Sie machen mich fröhlich
Und füllen meine Leere.
Dafür
Hab Dank
Alle Zeit
Sei gesegnet
Und bereit
Um uns noch zu beglücken
Mit Deinen Schmuckstücken.
Den Gedichten
Und den Gesichtern
Welche die Wahrheit ausdrücken
Und belichten.

Mach so weiter
Und so heiter
Tu, was deine Seele dir empfiehlt
Und geh deinen Schamanenweg gezielt.

Jetzt verstehe ich ...
Dass meine Freundin Eva
Sich gefühlt haben muss
Wie im „Paradiesa".
Sie war so dankbar

Und so fröhlich
Auch für die Widmung
Höchstpersönlich!

Nun, zu guter Letzt
Was ich am meisten
Bewundere und schätz
Das sind die Pflanzen
Und die Tiere
Die ich hoch achte
Und respektiere.
Hab Dank, „mein Sohn"
Für Deine Kunst
Was wäre die Welt so ärmer sonst!
Die Augen der Tiere
Und die der Steine
Schauen mich an
Und ich könnt weinen vor Glück
Dass es Dich gibt.
Und dass Dein Herz
Auch zu meiner Seele spricht.
Denn mit dem Herzen sehen und hören
Das hat uns Gott ermöglicht
Das kann man nicht studieren.

Nun schließt sich der Kreis
Und ich bin „am Ende"
Und auch wieder am Anfang
Denn da kommt die Beichte
Ganz langsam:
Es ist das erste Mal
Dass meine Seele mir empfahl
Einen Brief zu schreiben
Um zu loben
Und gutzuheißen
Was ein Seelenfreund hier leistet.

Ja, und zuletzt
Einen Wunsch ich noch hätt:
Erweise diesem Brief
Die letzte Ehre
Sollte er nicht gefallen
Und Dich stören.
Verbrenn ihn
Auf Kohlen
Zwischen Steinen und Pfählen
Und lasse
Die Asche
Vom „Windhauch"
Hinauf
Sich „abheben"
Um mit den Engeln
Zu „entschweben".

Alles ist gut!
Es ist, wie es ist!
Es ist nicht richtig
Und nicht falsch!
So soll es sein!

Es grüßt EUCH
Das Steinböcklein.

SEIN

Im NICHT … SEIN
Entsteht was fein.

EGO

Ego ist „out"
ICH BIN ist „in".

DEIN WEG

Geh deinen Weg
Denn es ist deiner.
Vergleiche dich nicht
Mit den anderen
Denn es ist ihrer.

GOTTES SEGEN

Weite dein Herz
Und atme weg den Schmerz.
Denn auf all deinen Wegen
Begleitet dich Gottes Segen.

ZEIT

Die Zeit für uns
Die war zu kurz.
Wo rennt sie nur
Die verflixte Uhr?

ZEIT?

Wer hat schon Zeit
Sich richtig Zeit zu nehmen?

ALLTAGSWEISHEIT

Der Alltag ist eine wahre Kostprobe.
Er ist unser Lehrer in jeder Stunde.

VISION

Trage immer im Herzen eine Vision
So veränderst du das Universum.

GRENZEN

Gehst du nicht über deine Grenzen hinaus,
erlebst du so manchen Augenblick nicht.

HEIMWEH

Hey Gott ...
Warum bin ich nicht tot?
Wann ist endlich meine Zeit gekommen
Um bei Dir für immer zu wohnen?

DU BIST!

Wer bist du?
Bist du schon,
Der du sein willst?
Oder erfindest du dich noch,
Der du werden wirst?
Übe dich in Akzeptanz
Dann kannst du sein, wer du bist.

ERDE ... GOTT ... HIMMEL

Auf der Erde spiegelt sich der Himmel
Und im Himmel ist Gott.

BUCHE

Am Fuße der Buche
Da lass ich mich nieder
Und höre die Rufe …
Der Amsel Lieder.

SONNENSTRAHL

Der erste Sonnenstrahl
Das Walddickicht erhellt …
Beleuchtet, was verborgen war.

HEILENDES HERZ

Ich nehme sie auf
Die Sonnenstrahlen
Und die grünen Farben.
Schließe sie ins Herz
Damit sie heilen
Meine Sorgen.

GEBET

Licht zieht Licht an
Liebe die Liebe.
Ich stehe im Regen
Und bete.

WILDKIRSCHBLÜTEN

Mein Wanderweg übersät
Mit Wildkirschblüten
Ich schreite darauf
Als würd ich fliegen!

FÜR UNS

Ich will Dir danken,
Dass Du unermüdlich,
Ohne zu schwanken,
Unaufhörlich,
Ohne zu wanken,
Zu mir stehst
Und mit mir gehst
Auf diesem Lebensweg.

Eigentlich
Bist Du der Grund,
Wieso es bei mir
Zum Gedichte-Schreiben kommt.

Wenn ich mit anderen Menschen sprach,
Über Dich, mein Partner und Gemahl,
Da sagte ich immer:
Ja, was für ein Jammer,
Wenn ich nur schreiben könnt,
Und es wär mir gegönnt,
So würd ich ein Buch verfassen
Von Dir und Deiner großen Seele.
Um die Bewunderung loszulassen –
In Zeilen,
Die verweilen,
Ein Leben,
Um darüber hinaus zu entschweben.

Brigitte,
Sei vorsichtig,
Was du dir wünschst!
Denn augenblicklich,
Ohne dich zu warnen
Erfüllt sich dein Sehnen.
So funktioniert das Gesetz ... nun mal ...
Der Anziehungskraft auf dieser Welt
Im Hier und Jetzt.

Nun schließt sich der Kreis,
Das Schreiben macht Spaß
Und ist beglückend obendrauf,
Dass Du diese Reise
Mit mir nimmst in Kauf.

Wir haben gelernt
Nichts zu erzwingen.
Wir sind tolerant,
Und ohne Bedingung
Lassen wir unserer Liebe
Die reinste Schwingung.

Danke Dir
13870-mal
Für ALLES
Auf ein WEITERES
Ein NEUES 13870-mal ...
Sei vorsichtig, was du dir wünschst ...!

LIEBER LORENZ

Ich danke Dir
Für Deine Antwort
Die mich erfreut hat
Und bereichert.
Es fehlten noch so manche Sprüche
In meiner Sammlung vieler Gedichte.

Nun ist es wieder an der Zeit
Es liegt ein Gruß für Dich bereit.
Er kommt auf dem „Indianerpfad"
Von anderen übermittelt halt.

Es ist Bestimmung
Dass eher durch Energie und Schwingung
Unsere Seelen
Sich begegnen.

Von Eva erhielt ich nun
Das zweite Buch
Das mich genauso in Erstaunen
Und zum Träumen ruft.

Zu schauen
In die Tieraugen
Da spür ich ... das ist's ...
Wofür es sich
Zu leben lohnt.

In tiefster Seele
Bin ich berührt
Von den Tier-und Naturbildern
Mit denen hier
Dein Sohn brilliert.

Die Wahrheit
Sie liegt in der
Tier ... Augen ... Klarheit.

Es ist so schön
Was Gott hier hat geschaffen
Zwei Menschen
Die uns vorleben
Vollkommenheit und Gelassenheit
In unserer Menschen Eintönigkeit.

Da kommt mir so ein Gedanke
Den ich noch loswerden möchte.

Schön wäre es
Wenn so mancher Mensch
Sich verwandeln würd
In Stein und Fels.
Somit könntest Du Ihnen
Die letzte Würde lassen
Sie bemalen
Damit sie verlernen
Den Neid und das Hassen.

Mehr Herzenswärme
Käme hervor
Durch Farben
So geheimnisvoll
Wie nur Deine Seele es versteht
Zu schaffen wohl.

Primitivismus
Herrscht auf unserem „Planetismus"!
Um dieses Phänomen auszugleichen,
Stellt Gott die Weichen
Und schafft durch Dich
Ein Gleichgewicht.

Du tust das Richtige
Voller Hingabe
Das was Deine „Schamanen-Seele"
Dir empfiehlt ...
Du schaffst ein Leuchten
Für die Welt.

Nur sieht so mancher Mensch
Es nicht!
Da unbewusst und unbeseelt
Er allzu oft
Durchs Leben geht.

Du sagst auch:
„Wahrer Lehrmeister
Ist mir nur die Natur."
Das ist, was zählt
Und was uns erhält.
Die Tiere und die Pflanzen
Die Elemente und die Steine
Sie machen uns im Ganzen
Rein und unbeschwert im Herzen.

Nun endet hier
Mein „Wortgesang"
Und Du, mein Lieber
Bist wieder am Anfang.

Ich widme nun
Meine Aufmerksamkeit
Deinem schönen Gedichte-Band.
Da liegt die wahre Kunst.
Sie entführt uns zum Träumen
Und lehrt uns
Nichts zu versäumen.
Das Lachen und das Beobachten
Die Freude und die Neugierde
Das Leben zu feiern und zu schätzen.
Was braucht die Seele mehr
Um in dieser Welt zu glänzen?

Sei gesegnet und behütet
Von nah und doch so fern

Es grüßt
Das Steinböcklein

DAS LEICHTE VON DER EICHE
UND IHR MUT TUT DIR GUT

„Hallo, ich bin die Eiche
Und wünsch Dir zum Geburtstag
Nur das Leichte.
Und stell Dir vor, auf jedem „Aste"
Hast Du einen Wunsch frei ...
Kein Kummer Dich belaste!

Ich lehre Dich das Vergängliche
Mit meiner Eigenschaft für das Mutige.
Auch feiere ich jedes Frühlingsfest,
Weil eine Eiche sich nie „hängen lässt".
Bin auch dir dankbar, lieber Herbst,
Weil du mich das Abschiednehmen lehrst.

Auf mir so manches Vöglein singt
Ein Lied, das auch in deinem Herz erklingt.
Wenn du es zulässt
Und nicht abwehrst
Dann wirst du reich beschert.
Nun zu guter Letzt
Wünsch ich Dir zu Deinem Fest
So viele Feierstunden
Wie Blätter an mir hängen.

Ich, die Eiche, eine robuste Natur,
Grüße Dich, von Herzen pur.

BEEREN ... FRÜCHTE

Die Äste der Früchte
Die Ranken der Beeren
Erheben sich in die Lüfte
Wenn sie uns bescheren
Die süßen Früchte-Beeren.
Es ist, als ob sie sagen würden:
„Wir dienen euch mit Freude
Und sind stolz auf unsere Gabe.
So erfahret …
Denn wie ihr wisst
Hat uns Gott geschaffen
Um so manches „Zipperlein" wegzuraffen."

WUNSCH ... STERN

Die Sterne mögen dir
Den Weg beleuchten
Wo immer du auch gehst.
Die Natur ist dein Begleiter
Wo immer du auch stehst.
So fühle dich federleicht
dem Adler gleich.
Und schwebe in die Lüfte
Nimm mit deine Wünsche.
Du bist nicht allein.
Gott und deine Freunde
Werden immer bei dir sein.

HIMMEL UND ERDE

Die Erde trägt mich
Der Himmel hält mich
Die Steine lehren mich Geduld und Zuversicht.
Das Sonnenlicht, es gibt mir Selbstvertrauen
Auch an Tagen, die mir grauen.

Nachts entführt der Mond meine Seele
Jawohl, ich fliege und spüre Liebe ...
Zu den Sternen
In die Ferne
Um abzuheben
Mit den Engeln zu entschweben.

LIEBESSYMPHONIE

Die Krone der Bäume
Schreiben in Himmel
Poesie.
Die Vögel, sie singen
Ihre Symphonie.
Was tun wir Menschen?
Wisset, denn nur die Liebe
Bringt uns und unserer Welt den Frieden.

INNERE WERTE

Deine inneren Werte
Sind deine Schätze.

Da sie durch Erfahrungen reifen
Lassen sie dich der Wahrheit Sinn begreifen.

Verbinde dich mit den Himmelskräften
Entschwebe hoch zu größeren Mächten.

Aus dieser Vogelperspektive
Erkennst du leicht, mit Klarheit
Die Wahrheit und die Liebe.

FOLGE DEINEM HERZEN

Folge deinem Herzen
Mit Selbstannahme und Achtsamkeit.
Lasse sie Werkzeuge sein für deinen Alltag.
Schaffe dir Oasen
Um drinnen zu laben.
Verschwende nicht deine wertvolle Energie
In einer Weite, die so groß ist wie die Prärie.
Dazu brauchst du Mut
Um zu verlassen
Was dir nicht guttut.
Es geht nur Schritt für Schritt
Auf deinem Weg ins Gleichgewicht.

Verweile nicht länger im Schmerz
Liebe und lebe mit Herz.

EIN RENDEZVOUS MIT GOTT

Ich habe noch nie, Krebs
Deinen Namen genannt
Denn du bist nicht mein Feind.
Es sind die Emotionen und Gedanken
Die in mir lagern und tief ankern.
Es sind die von negativer Natur
Von Versöhnung noch keine Spur!

Aber die Zeit, ja die Zeit …
Sie hat mich verändert
Für alle Ewigkeit.
Ich bin auf dem Weg.
Erkenntnis und Achtsamkeit
Sind nun mein Steg.
Ihn säumt eine Allee mit Bäumen.
Denn von der Natur inspiriert
Bin ich wie neu sortiert.

Ich besinne mich wieder
Auf das Gute in mir
Und schaffe die geistige Anbindung
Zu Dir
Lieber Gott
Ich lade Dich ein
Auf ein Rendezvous mit mir
Auf ein Stell ... Dich ... Ein.
So findest Du vor ein Menschenkind
Das nun Hilfe von Dir und den Engeln annimmt.

Über Schwingung, Licht und Liebe
Bat ich die Engel um Segen und Hilfe.

So baue ich eine Brücke
Zu meinem Schutzengel
Durch Gebete
Die ich von Herzen spreche
Um zu fragen:
„Warum bin ich hier?"
„Was ist mein Ziel?"

Ich nehme mit Demut
Die Botschaften wahr
Von meiner himmlischen Engelsschar.

Nun packe ich all meine anderen Fragen
In eine Lichtkugel hinein, ohne zu verzagen
Denn nichts ist schöner
Als in den Träumen
Auf Engels Lichtflügeln
Abzuheben
Um zu entschweben.

WAHRE FREUNDSCHAFT

Du warst und bist 'ne wahre Freundin
Wo ist denn nur unsere Zeit dahin?

Wenn wir zurückdenken und uns erinnern
Uns auf gute Zeiten besinnen
Da schwebt so manche Geschichte daher
Die wir gemeinsam erlebt haben, so sehr!

Haben viel gelacht
Und unser „Späßle" gehabt.

Das Tanzen war unser Elixier
Da konnte uns keiner was vormachen hier.

Ob in den Bergen
Mit unseren „Verehrern"
Oder schwimmend
Mit der Band tingelnd.

Es waren Jahre der Unbekümmertheit
Ohne Beschwerden und Leid
Ohne Sorgen
Um den Morgen.

Können uns alles erzählen
Und gut miteinander reden
Wenn wir auf Wolke „früher" schweben.

Manchmal, so ist es nun mal
Da trennt einen das Schicksal ... brutal.

Aber wahre Freundschaft
Endet nicht
Denn sie ist wahrhaft
Und dauert ewiglich.

Nun ende ich hier meinen Wortgesang
Mit einem indischen Sprichwort, das besagt:
„Freunde sind wie Sterne
Auch wenn man sie manchmal nicht sehen mag
Sind sie immer da."

Nun feiere Deine schönen Geburtstagsstunden
Als wären es Deine ersten Runden.

Sei gesegnet und gegrüßt ... von Brigitte ... allerliebst

LEBEN ... NEBEL

Lebe vorwärts dein Leben
Denn rückwärts, da stehst du im Nebel.
Zu nebulös sind deine Erinnerungen
Das merkt man an den Erzählungen.
Man hält so gerne fest
An dem, was ein schöner Traum uns zulässt.

Das Leben ist wie ein Regenbogen.
Es enthält alle Farben ... die loben
Uns zu inspirieren
Und raten, mit ihnen zu experimentieren:

ROT ... ist die Liebe
Zu unserer Erde
Die wir schätzen
Und ehren sollten, mit Würde.
Du brauchst nicht zu leiden
Wenn du tief verwurzelt bist
Mit beiden Beinen
ROT ... schenkt uns die Lebenskraft
Mit Leidenschaft.

ORANGE, was du uns versprichst
Mit Enthusiasmus sicherlich
Das ist die Unabhängigkeit
Und die Gelassenheit.
Du bist die Farbe der Gnade
Nun lass uns feiern und vergessen die Sorge.

GELB ist das Licht
Das uns Selbstbewusstsein verspricht.
Die gelbe Energie
Sie bringt uns die Phantasie
Drum übe mit Fröhlichkeit
Die Herzlichkeit
Aber hüte dich vor der Neigung
Zur Übertreibung.
Zu deinem Schutz, so trage oft
Die Farbe **GELB**, sie verspricht Erfolg.

Was uns die Farbe **GRÜN** verspricht
Das ist Harmonie und Gleichgewicht.
Sie tut es gleich dem Regenbogen
Denn sie verbindet unten mit oben.
Die **grüne** Energie
Sie ist die Brücke
In unserem Farben-Potpourrie.
Um über die **grüne** Brücke zu schreiten
Lass im Herzen bedingungslose Liebe walten.
Grün ... ist die Hoffnung
Dass unser Herz nur ja nicht aufgibt
Dich nochmals zu erinnern
Auf die bedingungslose Liebe zu besinnen.

BLAU, du stehst sowohl für Kopf als auch für Herz
Du bist die Farbe der Intelligenz.
Auf Wolke „Sanftmut"
Lehrst du uns die Geduld.
Du schenkst uns Ruhe und Gelassenheit.
Die **blaue** Farbenenergie
Ist der Geist der Wahrheit.
Unseren ausgeprägten Geschmack
Zeigst du uns mit Schlagfertigkeit
Du bist das **blaue** Band der Kommunikation
Und verbindest Mensch mit Universum.

INDIGOBLAU, du reinigst und verwandelst unser Leben
Du gibst uns Kraft und gibst uns Frieden.
Mit einem Farbenklecks „Gerechtigkeit"
Stärkst du auch den Wunsch zur Lauterkeit.
Das **Indigo** der Intuition
Ermöglicht uns die außersinnliche Wahrnehmung.
Es macht uns bewusst für eine höhere Ebene
Denn die Tattoos auf deiner Seele
Heilst du nie
Beachtest du nicht die **indigoblaue** Farbenenergie.

Die magische Farbe **VIOLETT**
Sie steht für Weisheit und Spiritualität.
Sie ist die königlichste Farbe
Und hat das Wesen der Gnade.
VIOLETT, mit deiner höchsten Schwingung
Wirkst du auf uns, ohne Bedingung.
Du bist sowohl unser spiritueller Meister
Als auch unser Beschützer.
Drum lege dir einen Amethyst
An den Schlafplatz … da er dich beschützen wird.

Ist nun dein „Nebel-Leben" wieder mal zu dicht
Und du siehst die Seelen … Farben nicht
So verweile mit Weile
Auf der purpurnen Wolke „Zuversicht"
Und sei gewiss
Du schaffst das nur mit Gottvertrauen
Auch im Nebel zu sehen
Die tollen, treuen Farben.

SOMMER

Die Sommer-Sonne
Wenn sie lacht
Und das Herz, es bebt und wacht
Dann ist alles voller Wonne
Auch wenn das Gewitter mal so kracht.

Es peitscht der Wind
Die Grashalme wehen leicht dahin
Es knallt der Hagel
Der aussieht wie Kiesel
Es wuchert die Natur
Im Sommer pur.

Die Völein zwitschern
Trotz Regen und Gewitter
Weil jede Kreatur
Sowohl der Mensch als auch das Tier
Wissen wohl …
Das ist die Kraft der Natur.
Umso schöner ist es
Wenn die Sonne erwacht
Und uns immer wieder zulacht.

Ach Amsel
Deinen Gesang
Den höre ich so gerne.
Und ist es auch aus der Ferne.
Du berührst mich tief im Herzen
Und vorbei sind die Schmerzen
Wenn ich das Naturgeschehen zulasse
Und mich dem Wunder nicht verschließe.

ENGEL FÜR DIE ERDE

Ich wäre so gerne ein Engel
Mit großen Flügeln
Um Dich … liebe Erde … zu umarmen
Zu umhüllen.
Dich zu beschützen
Ist mein Wunsch
Vor Menschen die Dich ausnützen
Und alles kriegen wollen umsonst.

Wacht auf ihr Egoisten!
Wenn ihr die Erde zerstört
So seid ihr ja mit auf der „Roten Liste"
Und dann … ist es zu spät …
Wäret ihr nicht so eingebildet
Und führet nicht immer euer Ego im Schilde
So würdet ihr lernen
Die Erde zu ehren.
Ihr hättet Achtung
Vor der Natur als auch vor den Tieren.

Etwas zu kriegen
Das kommt von Krieg
Aber auch von Gier.
Ihr nehmt euch alles mit Gewalt
Mit eurer schonungslosen
Unersättlichen Gestalt.

Ich weiß sehr wohl
Es geht nicht ALLES ...
Von heute auf morgen
Sind nicht weg die Sorgen.
Aber besinnt euch
Solange es noch geht.
Denn die Erde verzeiht
Mit GOTTES Gebet.

SPINNENNETZ

Du spinnst, wie die Spinne
Dein Netz der verworrenen Sinne.
Doch hast du schon mal
Ein verworrenes Spinnennetz gesehen?
Das ist die Qual
Der Menschenseelen.
Denn nur die Natur ist perfekt.
Ein kleines Wunder mit Effekt.
Doch wenn der Mensch versucht, perfekt zu sein
Und er merkt, das gelingt ihm wohl kaum
Da reagiert er mit Unbehagen
Unzufriedenheit und anderen Plagen.
Ja, Wunder schafft nur die Natur
Und der Mensch müht sich, es ihr gleichzutun.
Der Mensch, er ist und bleibt ein Unikat
In unserem „Universum-Präparat".

VIOLETT ... GESANG

Lavendel, Iris, Flieder, Veilchen
Ihr seid der reine Duft des Seins.
Und halt ich inne für ein Weilchen
Hab ich den Wunsch, auch so zu sein.

Die magische Flamme Violett
Ist wichtiger als alles Gold der Welt
Und all die Juwelen
Auf unserem Planeten.

Wenn du „flambierst" ... Violett ... unsere Seele
So dringst du vor zu unserer Quelle.
Somit ist vollbracht der Schwingungsaustausch
Im geheimnisvollen Violetten-Rausch.

Ich lade dich ein
Violetter Flammen-Regen
Bei mir zu sein
Zu läutern meine Seele.
Ich rufe dich!
Erfülle mich
Begleite mich
Und beschütze mich
Mit deinem reinen Violetten-Licht.

ABSCHIED

Akzeptanz
Ist das neue Wort
Das du zulassen solltest, immerfort.
Lasse los den Weg
Denn für diese Zeit
War er dein „Lern-Steg".
Und sei bereit
Für einen Neu-Anfang
In deinem Lebens-Gesang.

Es erklingt ein Lied
Das singt von Leid
Aber auch von Sieg.
Denn ihr habt es geschafft
Begleiter zu sein
Für alle Ewigkeit.

Eure Heilung beginnt
Indem ihr Vergebung übt.
Und vergesset nie
Eure Quelle der Energie
Ist die Verbindung zu Gott
Welcher euch lehrt
Glaube, Liebe, Hoffnung
Sind nie verkehrt.

SEI EIN WANDERER

So wie die Wolken wandern
Über alle Zeiten
So lass auch deine Gedanken
Vorüberschweifen
Halte nicht fest
An dem, was sich nicht halten lässt.
Hör auf den Wind
Denn er ist himmlisches Kind
Er weiß – wovon er singt.
Die Engel tönen mit ein …
Sie singen von Liebe und Verzeihen.
Lass dich verführen
Und lass Freude rein
In dein Herz
In deine Seele
Denn nur so geht
Auch dein Körper mit
Ohne Fehde.
So fliege mit Leichtigkeit
Vergiss nicht deine Herzlichkeit.
Sei dankbar
Auch ein Wanderer zu sein
Im Hier und Jetzt
Und nicht zuletzt
Durch Raum und Zeit
In der Unendlichkeit

HOFFNUNG

Diese geweihte Kerze
„Hoffnung"
Beleuchtet dir den Weg
Ohne Bedingung.
Lass sie scheinen
In dein Herz
In deine Seele
Auch für deine Familie.
Es ist ein kleines Licht
Man meint vielleicht … ohne „Gewicht"
Doch der Glaube spricht für sich.

FREIHEIT

Fühlst du
Wie der Wind
Dich samtig streichelt?

Hörst du sein Lied?
Es singt von längst
Vergangenen Zeiten.?

Siehst du die Blätter
Tanzend ihren Reigen?

Losgelassen
Fallen gelassen
Freigelassen

In Freiheit
Nach getaner Arbeit
Aus ... Gedient
Und doch schon wieder bereit
Für einen Neubeginn.

ABENDROT

Ein Sehnen lockte mich nach draußen
Ich wollte laufen
In Bewegung sein
Im Abendsonnenschein.

Ich traute meinen Augen nicht …
Was für ein Licht!
So stand ich da
Ich fühlte mich dem Himmel so nah.
Und ich wusste … es ist höhere Macht
Mit göttlicher Kraft.
Ein Abendrot
Ein Pfirsich-Gold
Samtig schimmernd
Warm und weich
Über dem ganzen Himmel gleich.
Ich tauchte ein
Die Blicke verwoben sich mit rein.
Die Seele vollgeladen
Ich ließ sie in Goldtönen baden.

Die Tränen rollten mir über die Wangen
Vom magischen Moment gefangen.
Ein Abendrot
Das mir der Himmel bot
In dem der Herrgott wohnt.

Wie ich da stand
Und vor Staunen in Stille versank
Da tauchten die Fragen hervor
Geboren aus dem magischen Farbenchor:
„Wo ist meine Heimat?"
„Wo bin ich zu Hause?"
Sofort kam die Antwort.
Mein wahres zu Hause
Ist in meinem inneren Selbst
Wohin immer ich auch gehe
Es folgt mir
Wo immer ich auch stehe.
Ich bin meine Heimat
Meine Wärme, mein Schutz.
Und nicht zuletzt
Wurde mir klar
Dass der Himmel … in Wahrheit
Ein Zustand war.

Mit Glückseligkeit
Spürte ich das Vertrauen
In diese Unendlichkeit
In die Verbindung
Zum Universum.
Ich fühlte mich zentriert
In meiner Lebens-Landkarte
Auf dieser Höhenwarte.

Neu geboren
Aus dem kosmischen All
Ich wusste ... dass es das ALL-EINS war.

LUKE

Du bist nun ein großer Bub
Zu Deinem Geburtstag
Wünschen wir Dir ganz viel Glück.
Da wir heute nicht dabei sein können
So musst Du mit der Musikanten-Bande
Vorlieb nehmen.
Der Mond, mit seinen großen Kulleraugen
Amüsiert sich doch sehr
Über diesen kunterbunten Haufen.
Die Noten tanzen nur so umher
Auf die Musik von Löwe und Bär.
Hast Du schon den Frosch entdeckt?
Auch die Schnatter-Ente
Macht ihren Geck.
Dem Vogel scheint es wohl
Zu laut zu sein
Da liegt er nun
Auf dem Rücken fein!
Und wenn Du willst
So stimm mit ein
Wie wär's ... mit einem Liedlein?

WEIHNACHTEN in SÜDTIROL

Weihnachten in Südtirol
Ist unsere zweite Heimat wohl.
Wie schön es ist bei Kerzenschein
In die fröhlichen Kinderaugen zu schau'n.

Franz ... Du bist unser Sternekoch
Diese Auszeichnung bekommst Du
Sowohl von uns als auch von Gott.
Wir danken Dir ... liebe Rosa, lieber Hans
Dass Ihr uns aufnehmt mit Herz.
Liebe Anna, wir haben es sehr schön empfunden
Dass Du nun auch wieder bist in unserer Runden.

Liebe Verwandte, liebe Freunde
Jedes Jahr treffen wir uns aufs Neue
Im Hier und Jetzt
Um zu feiern und zu entspannen
Und nicht zuletzt
Mit Dankbarkeit ... Weihnachten zu empfangen.

FEDER ... TANZ

Die Feder tanzt
Ihren Worte-Reigen
Sie hinterlässt mit Glanz
Was wir verschweigen.

DER WEISE

Der Weise
Versteht die Welt
Mit der Reise
Zu sich selbst.

REGENBOGEN

Der Regenbogen
Ist deiner Seele Wogen.

SEELENHEIL

Bei Kerzenschein
Und beim Gebet
Reinigst du deine Seele
Ganz geschwind.

LEICHTSINN

Alles ist möglich!
LEICHTSINN … macht's möglich.

ALCHEMIE

Ein Lawinenmeer aus Worten
Das ist wie Alchemie
Vom Kieselstein
Zum Edelstein.

AUFGEWACHT

Es halfen mir die Engel
Sie haben mir zugelacht
Und Mut gemacht
So bin ich dann
Vom Schicksals-Muffel
Zum Prinzessinnen-„Trüffel"
Aufgewacht.
So manches Wort
Setzt sich aus meinen Träumen fort
Da war wohl wieder ein Engel am Werk!

HALLO WELT

Guten Morgen Welt!
Ich heiße dich willkommen.
Von meinem „Himmelszelt"
Sehe ich dich vollkommen.

ZEIT ZUM SCHREIBEN

Warum schreibe ich erst jetzt?
Weil ich den Schmerz
Das Leid
Bewusst erlebe.
Weil ich erst jetzt
Mich fühle
Empfinde
Zulasse
Was weh tut.

EMPATHIE

Wenn ihr wüsstet
Wie viel euch verloren geht
Und nur, weil euch
Die Anteilnahme
An der Welt fehlt.

LICHT ... SCHUTZ

Mein Körper und ICH
Sind umgeben von Licht.
Es ist die Vision
Des Schutzes
Vor der Invasion
Des Ausnutzens.

VERZEIHEN

Jetzt … bin ich so dankbar!
Verzeih mir, Lieber Gott
Dass ich es als Kind
Anders empfunden hab,
Ich … habe mir verziehen!?

GEBET

Lieber Gott,
Begleite mich
Auf meinen Wegen
In diesem Erdenleben!
Amen

HINGABE

Ich ergebe mich
Dem, was ich nicht haben will.
Ich umarme schlicht
Den Misserfolg, die Angst, den Unbill.
In Demut bin ich
Vor der Schönheit
Der Zartheit
Eines Schmetterlings
Der Vollkommenheit
Einer Blume
Den Farben der Natur.
Es ist eine Wonne
In unserem Universum pur
Im Herzen zu spüren die Sonne
Zu sein … Im Nicht-Sein.

SCHWEBE-FÜHLE-TANZE-MIT HERZ

Schwebe wie der Vogel im Wind
Fühle wie ein glückliches Kind
Tanze deinen Freiheitstanz
Sei im Herzen rein und ganz.
Im Sommer sollst du
Die schönsten Blumen pflücken
Und deine Seele, lasse sie mit hüpfen.
Wenn du dein Lieblingslied singst
Fühlst du, wie du mit dem Herzen mitschwingst?
Töne dein Lebens-Mantra
Bete zu Gott oder zu Buddha.
Bitte die Engel
Sie mögen dir helfen
Dies alles umzusetzen.

SEELEN-MEER

Ich werfe ein Wort
In mein Seelen-Meer
Es kreist sich fort
Und zieht andere daher.
Die Schwingung macht's
Ein Energiewirbel erwacht.
Gesegnet seist du … Gefühlsmacht!

Noch immer geht mein Wort
Auf Entdeckungsreise
Es kreist und kreist sich fort
Auf eine Art und Weise.
So finde ich den Schlüssel
In meinem Worte-Meer
Zu meinem Seelen-„Trüffel".
Meine Gedanken sind leer
Aber mein Herz ist offen.
Es schwimmt in einem
Ozean aus Wasser-Stoffen.

Ja – mit der Vorstellungskraft
Wird meine Wirklichkeit erschaffen
Ich fühle mich
Aus dem Ozean geboren
Umgeben von Licht
Von der Liebe erkoren.

DAS TOR ZUM FUJIYAMA

Ich schreite durch das Planetentor
Verlasse alte Gewohnheiten
Ich finde einen Garten Eden vor
Mit anderen Besonderheiten.

Es sind Blumen mit Verständnis
Die eine heißt „Erkenntnis"
Die andere ist die „Achtsamkeit"
Sie wacht über alle Ewigkeit.

Sie sind so stolz
Und auch so stark
In ihrer zarten Blüte.
Das muss wohl an dem Samen liegen
Der gepflanzt wurde mit Güte.

Ich schreite und schreite immerfort
Die Klangschale summt ganz leise
Sie verrät mir das Nahen
Des mystischen Orts
Sie begleitet mich auf eine Art und Weise.
Es erklingt ein Lied
Es tönt ein Mantra
Das meine Wirklichkeit besingt
Es ist das Tor
Zum Korridor
Das Tor heißt … Fujiyama.

LICHTKUGEL

Der Engel schubst mich
Schon wieder in eine
Lichtkugel hinein

Lichtkugel
Du bist mein
Himmels-Gefährt
Das von den Engeln geführt
Mit mir in die Ferne schwebt

Ich sage JA

Blindschauend
Taubhörend
Und Klarfühlend
Zu Dir … Lieber Gott
Ich komme heim!

GEISTER DER NACHT

Ich blieb bis spät in die Nacht hinein
Und schrieb an meinen Gedichten.
Nun wollt ich schlafen gehen
Und auch nicht stören, meinen Mann
Der schläft doch, so fest er nur kann.

Im Treppenhaus war es so finster
Und so dunkel
Ich trug sogar die Hausschuh in den Händen
Um den Lärm zu vermeiden.

Da geschah es:
Die Creme-Tiegel auf der Treppe
Die wollten nach oben
Transportiert werden
Ins Badezimmer-„Schränkle".

Oje! Auch noch aus Glas!
Nun war's zu spät.
Es kracht ... Oh Gott ... was das Zeug hält
Bis es der Keller empfängt!

Ich hielt den Atem an
Denn aus dem Schlafzimmer
Meines Mannes Stimme „sang":
„Na-Ja!"
Und meinte wohl damit
Aufgehört zu schlafen wohl.

Ich leise brachte hervor:
„Entschuldigung"

Mitfühlend „schlich" ich ins Bad
Putzte meine Zähne.
Ich sah ins Waschbecken und staunt'
Ein Einhorn aus Zahnpasta-Schaum
Lag da verschmitzt und gähnte!

Danke euch, Engel,
Das schickt ihr mir bloß
Um mich nicht mehr zu grämen.
Nun schlaf ich süß
Meinen „Schönheitsschlaf"
Denn Cremen enthält genug das Bad.

ENGELSLICHT MIT WORTEN SPRICHT

Mit Engels-Licht
Energie und Schwingung
Wird Sternenstaub
Zum Wort.

Ich schreibe was auf Engels Flügel
Damit sie es zu meiner Mama führen.
Es sind Worte
Es sind Gefühle
Sie schwingen sich hoch zur Himmelspforte
Sie sollen Dir sagen, dass ich Dich liebe
Und sie sollen Dir zeigen, wie ich mich fühle.
Dass ich Dir, liebe Mama, danken will
Für deine bedingungslose Liebe.

Mit Sternenstaub geschrieben
Umhüllt von einem Lichterkranz
Sind wir vereint im Leben-Todes-Glanz.

Ich will den Himmel auf Erden schaffen
Und die Lichtengel mit Liebe entlassen
Loslassen
Freilassen
Zu dir ...
Weil ich mit Klarheit spüre
Den unerschütterlichen Glauben
Vertrauen
Und die allumfassende Liebe.

Hab Dank, Universum
Für deine Offenbarung:
Das Leben ist es wert
Gelebt zu werden
Und es in Liebe zu bewahren.

TRAUM-SCHWEBEN

Eines Nachts
Da war ein Traum.
Die Seele erwacht
Sie schwebte im Raum.
Sie nahm meinen Körper mit
Ich traute meinen Augen nicht
Denn sie wollten zuschauen
Und staunten.
Vom Bett in die Höhe schwingend
Spürte ich sanft
Mit den Füßen die Wand durchdringend.
Ich schwebte, als wenn nichts gewesen wäre
Hoch hinaus in die Atmosphäre.
Unter mir die Erde
Über mir der Himmel.
Die Felder und die Wiesen
Ich selbst bin das Fließen.

Ich sah eine weidende Kuh-Herde
Die Natur war die Verbindung
Von Himmel und Erde.
Ich reise durch die Sphären
Und lande, ganz sanft, wieder auf Erden.
Besser gesagt im Bett
Da erwartete ein Engel
Mich ganz nett.
Er lehrte mich
Das richtige Schweben
Und half mir nochmals abzuheben.
Die Weite des Erlebten
All die Erfahrungen
In höheren Bereichen
Sind kaum in Worte zu fassen
Was sie für mich bedeuten.
Gefühlstiefe in meinem Seelen-Meer
Lässt einen großen Resonanzraum entsteh'n.
Das Wort erklingt mit klarem Klang
Und das Licht, es strahlt
Im Rhythmus meines Herz-Schlags.
Langsam und sanft
Pulsieren im Raum
Das Licht und die Luft.
Es ist alles im Wandel
In mir ist der Himmel
Bewusstsein ist meine Seele
Ich selbst bin das Fließen
Im unendlichen
Kosmischen Wissen.
Ja … so manches Wort
Setzt sich aus meinen Träumen fort.
Da war wohl ein Engel am Werk!

DER STURM UND DIE EICHE

Mitten in der Natur
Entdecke ich die Eiche.
Sie strotzt vor Stolz
Majestätisch empor.

Bin schon öfters an ihr
Vorbeigewandert
Nun hält sie
Meinen Blick gefangen.
Der Sturm hat sich
Zu schaffen gemacht
Ein großer Ast
Ist zu Boden gekracht.
Was er hier preisgibt
Ist das schönste Bild
Das ich mit Staunen
Und Dankbarkeit erhielt.

Es ist ein gotisches
Kirchenfenster entstanden
Wie ein Altar
Der verborgen war
Im inneren, geheimnisvollen Baum.

Für eine Weile
Stehe ich da und meditiere
In der Unendlichkeit
Von Raum und Zeit.
Mit offenem Herz
Fühle ich den Schmerz.
Ich fange an zu beten
Und mit dem Baum zu reden:
„Hast du dir wehgetan?
Kann ich etwas für dich tun?"
Da antwortete der Baum:
„Du tust es doch gerade
Denn du bist da ... und schade
Ist es nicht
Dass ich verlor den Ast
Du zeigst mir damit
Dass du Mitgefühl hast."

Und was ich noch so lerne
Von diesem stolzen Baum
Dass er sein Schicksal
Trägt mit Würde
Und verschwendet nicht
In seinem Eichen-Traum
Die Zeit mit Jammern
Toben, „Asten", „Knacken"
Und anderen Allüren.

So will ich hier danken
Den Elementen und den Farben;
Die Natur als Lehrmeister zu haben.
Danke dem Wind und dem Holz
Dem Himmel und der Erde
Es macht mich im Herzen stolz
Zu erfahren
Die letzte Beichte
Von der weisen Eiche:
Dass unser Leben, unser Weg
Stets der Wandlung untersteht.
Und lasse nicht zu
Dass ein gebrochener Ast
Dich fertigmacht!
Der Baum
Er sieht die Wirklichkeit
Und erkennt mit Sicherheit
Dass ALLES WAS IST
GUT IST ... GOTT IST!

HERZ-WEG

Gerade die Unvollkommenheit
Sensibilität und Verletzlichkeit
Sind die Blumen
Deren Duft
Und deren Pollen
Mein Gedichte-Schreiben
Bringt ins Rollen.

Auf so manchem Rosen-Weg
Trotz dem Dornen-Krieg
Bleibe ich treu
Dem Ruf meiner Seele.
Erfinde mich neu!
Und fühle ich schwebe
Dank Engels Flügel
Dem Himmel entgegen …
Um diese Verbindung
Auf Erden zu ehren.

Gefangen in meinem Wort
Schaffe ich diese Verbindung
Auch zwischen Mensch und Gott.
Denn nur mit unserer Seelen-Schwingung
Geht unser Verstand
In eine Herzens-Bindung.

FRÜHLING

Die Seele erwacht
In einer Frühlingsnacht!

Auf meinem Spaziergang
Lausche ich
Dem Eichen-Gesang.

„Du gefällst mir
Liebe Eiche.
In deiner kargen
Frühlings-Art
Wie bist du doch
So majestätisch und stark.
Erfülle mich, liebe Eiche
Mit Kraft, Energie und Mut
Denn in der Natur zu sein
Das tut mir gut.
So wie die Sonnenstrahlen
Uns beide erwärmen
So werden wir dasselbe
Auch weitergeben können."

Mit der Eiche Ohr an Ohr
Lausche ich dem Natur-Chor.
Es singt die Meise
Sie schwingt sich empor
Sie kündigt den Frühling an
Was für ein Herz-Gesang!

Die Erde erwacht
Und verbindet sich
Mit der Himmelspracht.
Der Wind
Er säuselt
Und singt
Vom Loslassen der Winters
Und dass der Frühling beginnt.

HIMMELS-AQUARELL

Der Wind
Er malt seine Aquarelle
Am Himmel.
Seine Models
Sind die Wolken
Die sich formen und verwandeln
Nach seiner Lust und seinen Launen.
Es ist die Schrift des Wassers.
Nur so schafft es unser Verfasser
Die schönen Naturbilder zu malen.
Der Wind
Er ändert ganz geschwind
Das Himmelsbild
Von Wolke „Federleicht"
Bis „Federweiß"
Zu drohend Schwarz
Und grau wie die Maus.

Er lässt uns erkennen und wissen
Auch von unseren dunklen Nischen.
Um die Himmelsaquarelle zu sehen
Musst du mit dem Haupt
Erhoben durch die Welt gehen.
Denn in den Himmel zu schauen
Lässt dir keine Zeit
In Depressionen zu verfallen.
Nimm dir ein Beispiel
Auch an der Sonne
Sie spielt so manches Versteckspiel
Da sie versteht ...
Der Wind
Er ist himmlisches Kind.
Ein anderer Himmelsbote
Ist der Regenbogen.
Er ist das Tor zu unserer Seele
Und drum erlaube und verstehe
Dass seine Farben sich wiederspiegeln
Auch in uns Menschenkindern.
Und wenn dann fällt
Der Vorhang der Nacht
So wird verhüllt
Die Naturleinwand ... ganz sanft.
Ein neues Bild entsteht
Mit Sternenstaub beseelt.
Der Mond erwacht
Mit ihm die Sternenpracht.
Nun ... malt er sein eigenes Bild
An unser Himmelszelt.

ICH-DU-WIR

Meine Gedichte
Brauchen kein Publikum
Keinen Applaus.
Sie brauchen Dich
Dein höheres Selbst
Deine Seele
Dein Mitgefühl.
Deine Freude an dem Schönen.
Deinen Mut
Denn du wirst erfahren
Was dir guttut.
Sie brauchen dein Vertrauen
Dich fallen lassen zu können.
Mit dem Herzen zu hören.
Mit klaren, warmen Augen
Zu verstehen, lesen, sehen
Und zu schauen.
Stille, Ruhe, Atmosphäre.
Sie enthalten Botschaften
Licht und Hoffnung.
Im All-Eins-Sein
Mit der Sensibilität
Und deiner Achtsamkeit
Im Hier und Jetzt zu sein.
Schenke mir deine Zeit!
Um mit Bewusstheit zu erfahren
Dass sie dir nicht schaden
Sondern dich bereichern
Und dir das Leben erleichtern.

So manches Wort
Ist ein Duft-Kissen
Das dich betört
Und in andere Dimensionen führt.
Du kannst mit Feen Zwiesprache halten
Und auf Engelsflügeln
Zu höheren Ebenen schweben
Um dir zu begegnen.
Um dem Einen nahe zu kommen
Den wir
GOTT
Nennen.

AMETHYST

Du bist selbst
Wie ein zauberhaftes Gedicht.
Deine magische Farbe VIOLETT
Ist wichtiger als alles Gold der Welt.
Ich lade dich ein
Violetter Edelstein
Bei mir zu sein.
Begleite mich
Und beschütze mich.
Lehre mich das Sehnen
Und befreie mich von irdischen Schweren.
Drum, Liebes Menschenkind
Lege dir den Amethyst
An den Schlafplatz
Da er dich beschützen wird.

REDEN KANN GOLD SEIN

Ich kann hören mit zwei Ohren.
Ich kann schauen mit zwei Augen.
Aber reden kann ich nur mit einem Mund.
Also muss ich es von Anfang an
Richtig tun.
Denn was mal raus ist …
Zurücknehmen kann ich's nicht!
Sei aber beruhigt
Wenn dein Herz
Fühlt und sieht
Riecht und hört
Dann ist das Reden
Wie der Duft einer Blume
Der dich betört.
Leicht wie eine Feder
Und klar wie ein Sommerregen.
Leuchtend wie der Regenbogen
Der sich im Tautropfen wiederspiegelt
Und von himmlischer Sphärenmusik
Beflügelt.
Gleich einer sprudelnden Quelle
Deren Wasserspritzer
In der Sonne glitzern.
Und sei gewiss:
Dann
Flüstern auch
Die Engel mit.

WUNSCH

Ich wünsche Dir
Zu lachen
Auch wenn es nichts zu lachen gibt.
Im Regen zu tanzen
Mit der Sonne im Herzen.
Lebe Deinen Traum – heute!
Vergiss nicht dabei die Freude.
Denn Du bist nicht allein
Die Engel
Werden immer bei Dir sein.

UNTERWEGS SEIN

Bin oft unterwegs
Mit Stock und Hut
Denn in der Natur zu sein
Das tut mir gut.
Mit dem Herzen zu sehen und zu hören
Bedeutet zu achten
Auf der Umwelt Stöhnen.
So las ich mal an einem Brückenpfeiler
Einen Zwei-Zeiler:

„Wir gehen mit dieser Welt um
als hätten wir eine zweite im Kofferraum!"

Ich will hier danken dem Unbekannten
Für seinen „Aufwach-Spruch"
Den so manche empfinden als einen Fluch.

Es ist ein TUN
Ein Handeln-Pro-Natur.
Hab Dank
Du bist auf der guten Spur!

FUNKE

Ein Funke
Versteckt
In Asche
In sich ruht
Fruchtend
Abwartend
Bis zur Glut
Und dann entfacht!
Über Jahre gereift
Schlummernd
Nichts ahnend
Emporgelodert
Flammen der Seele
Freigelassen
Losgelassen
Herz-Erfassen
Hilfe der Engel
Zugelassen
Dankbarkeit
Achtsamkeit
Blind schauend
Zu GOTT!

DANKBARKEITS-GEBET

Ich bin von Engelsflügel umfangen
Sie umhüllen und beschützen mich.
Ich spüre immer mehr Verlangen
Und warte nicht
Bis die Krise und die Notlage
Mich trifft.
Die Hilfe der Engel ist grenzenlos
So fühle ich mich schwerelos.
Umhüllt in seidene Engelsflügel
Erheben sie mich zur Himmelstür.
Da will ich mich freuen
Und will danken
Dem lieben Gott
Mit seiner Engelsschar.

VERSTEHEN-VERZEIHEN-HEILEN

Dem Tode nahe zu sein …
Das war der Anfang
In der Dunkelheit
Licht zu sehen.

Zu verstehen und zu begreifen
Meinem Vater nichts mehr vorzuwerfen
Und ihn, stattdessen, um Verzeihung zu bitten.
Ein langer Weg und viele Fragen
Quälten mich Nächte hindurch
Und an so manchen Tagen.
Wer bin ich?
Was hat mein Vater durchgemacht?
Was hat er als Kind erlebt?
Wonach hat er sich in seiner Jugend gesehnt?
Wurde ihm genug Liebe entgegengebracht?

Nur die Liebe hilft uns
All die Fragen zu beantworten.
Sie schafft Veränderung und Verwandlung
Uns zu akzeptieren wie wir sind
Und wie wir handeln.

Die Sehnsucht wurde immer größer
Zu suchen nach der Wahrheit
Meiner Wahrheit … erfüllt mit Ehrlichkeit.

Ich lernte zu beten
Und mit den Engeln
In Zwiesprache zu treten.

Immer stärker vernahm ich
Meine innere Stimme
Lernte ihr zu vertrauen
Und verließ mich nicht nur
Auf die fünf Sinne.

Oft stehe ich da
Wenn mich Ängste und Sorge plagen
Frage mich ...
Sind es meine, oder anerzogen worden?
Ich fühle in mich hinein ...
Und entscheide mich, sie abzugeben
An jenen ... den wir GOTT nennen.
Alles – alles kann ich ihm anvertrauen.
Die Worte, mit denen ich bete
Schaffen es immer
Mich aufzubauen.

Sie haben Kraft
Sie tragen mich
Schritt für Schritt
Zeit um Zeit
In der Unendlichkeit.

JESUS LIEBT MICH

Heute weiß ich
Jesus liebt mich!
Ich spüre seinen liebevollen
Demütigen Blick.
Und weiß ... ER ... hat mich immer geliebt.
ER liebt mich auch, wenn ich versage
ER bestraft nicht ... ER fühlt mit.

Sein liebender Blick durchdringt
Mein Kleid der Niedergeschlagenheit.
Meine Maske der Angst.
Die Hülle meines Selbstmitleids.

Erst jetzt verstehe ich und begreife
Was mir als Kind gefehlt hat
Wonach ich in meiner Unruhe gesucht hab.

Gott sagt: „Werdet wie die Kinder"
Ein Grund, das zu befolgen, ist
Der Glaube, das Staunen und die Freude.
So lebe ich heute ganz bewusst
Und mit Vertrauen.
Mich nicht zu vergleichen
Und mich und andere nicht zu bewerten.
Auch zu lieben und zu schätzen
Der mich verletzt hat.
Bewusst oder unbewusst
Alles ist gut!
So bitte ich hiermit
Um Verzeihung
Wenn ich dasselbe tat.
Bewusst oder unbewusst.
Denn alles ist gut!

Ich spüre, dies ist meine Wahrheit
Sie fühlt sich an wie ... Freiheit!

Ohne zu verzagen
Will ich heut sagen
Es ist nie zu spät
Um zu erfahren
Dass es GOTT gibt
Der mich ... uns liebt!

SEELEN-NARBEN

Irgendwann
Hab ich erkannt
Und hab verstanden
Wofür sie da sind
Meine Ecken und meine Kanten
Meiner Leib und Seele Narben.
Sie sind da
Damit Gott mich leichter findet!
So trage ich sie in Würde
Betrachte sie als Lehrmeister
Und nicht als Bürde!

DIE ESSENZ

Sei im Einklang
Mit deinem Sein,
Fühle deine Weite,
Deinen Raum,
Und lasse Leere sich ausbreiten.
Fülle sie nicht schon wieder
Mit Gedanken.
Lasse Leere einfach sein!

Es sind Phasen,
Die kommen und gehen.
Wie Wolken, die vorüberziehen.
Beobachte die glatte Oberfläche
Auf dem See,
In dem sich der Mond widerspiegelt
Und im Morgengrauen zart verschwindet.

Was bleibt, ist ein Zeuge zu sein!
Im Hier und Jetzt.
Gib dich hin der Meditation
Um zu spüren die Essenz;
Deinen essentiellen Geist
Welcher Wahrheit und Bewusstsein heißt.

TRAUMREISE

Im Traum
Da durfte ich erleben
Wie Gott
Mit Energie versucht
Mich zu beleben.
Elektrisierend
Durch den ganzen Körper strömend
Spürte ich das Glitzern
Flimmern und das Fließen.

Es ist die Nacht
Die uns aufs Leben vorbereitet
Die uns verjüngt
Damit wir am Tag
Mit neuer Energie voranschreiten.

Die Nacht ist Yin
Der Tag ist Yang
Doch lebe nicht
Im „Dualitäten-Zwang"!
Es ist, wie es ist
Denn was stirbt, wird geboren
Was geboren wird, stirbt!
So schließt sich der Kreis
Denn wir kommen alle heim
Mit Gottes Hilfe ... ganz gewiss!

SCHRITT FÜR SCHRITT

Ein Schritt, Vertrauen in das Göttliche.
Ein Schritt, zu akzeptieren das Unvermeidliche.
Mit liebendem Herzen zu sehen
Nach einem Tief immer wieder aufzustehen.
Dankbar und zufrieden zu sein
Für alles, was kommt, und sei es noch so klein.

So reiht sich Schritt für Schritt
Wie auch Tropfen zu Tropfen ein Ozean wird.
Es entsteht ein Weg
Mit Edelsteinen besät
Auf meiner Lebens-Landkarte
Worauf ich noch so viel erhoffe und erwarte.

ÜBUNG ZU: NICHTS KANN ALLES SEIN

Sitze im Stillen.
Lasse los den Willen.
Lasse Ruhe einkehren
Auch wenn es nur ein paar
Sekunden wären.
Atme im Rhythmus deiner Seele.
Erzwinge nichts
Bestimme nichts
Nun schau mit beiden Augen
In die Leere …
Schaue nichts Bestimmtes an
Schaue einfach in den Raum.
Dein Ziel ist nichts!
Nun?
Merkst du
Dass in deinem Radius
Alles, aber auch alles
Gleichzeitig zu sehen ist?
Du erzwingst nichts
Du erstrebst nichts
Und du bekommst doch
ALLES, was du willst!

LOSGEHEN

Nur wenn du losgehst
Kommst du auch an.
Wenn du mal stehst
Verzweifle nicht daran.
Geh ... mit jedem Schritt
Deinen Weg gezielt.
Das Ziel ... bist du selbst.
Und wenn du dir dann
Die Fragen stellst:
„Was will ich wirklich?"
„Was ist mir wichtig?"
So lausche nach innen
Und du wirst dich wiederfinden.
Denn deine Essenz
Und deine Quelle
Sind deines Herzens Wellenlänge.
Vertraue auf Gott
Er wird dich begleiten
Und dich immer richtig leiten.

UNENDLICHKEIT MIT HERZ

In der Unendlichkeit mit Herz
Lebe ich im Hier und Jetzt.
Es war ein langer Weg.
Mal schön, mal unbequem.
Mich wiederzufinden war mein Ziel
Doch wusste ich lange Zeit nicht wie.
So fragte ich mich mal:
Mich wiederfinden
Was nie weg war?
Wie blind
Muss ich doch gewesen sein!
Ich sah mich oft so allein.
Wie taub
Gehört habe ich es nicht
Mein Seelen-Lied!
Wenn aber alles einen Sinn hat
Dann ist das Akzeptieren an der Zeit.
Und wenn dabei was Gutes entsteht
Und mit Frieden einhergeht
Ist eigentlich alles erlaubt.
So tausche ich nun „blind" und „taub"
Mit dem Herzen zu sehen
Und fühlend zu verstehen.

FARBEN-WUNDER

Ich fliege
Auf Engels Flügel
Von der Erde zum Himmel
Und wieder zurück.
Ich tanze
Begleitet von Sphärenmusik
Dem Regenbogen entgegen
Umhüllt in seinen Farben-Glanz
Um dann zu entschweben.
Ich tanze
Den Regenbogen-Bändertanz.
Es sind Bänder
Die verbinden
Und verkünden
Jede Farbe ist ein Wunder.

VERTRAUEN

Erst wenn du dich
Durch den Nebel traust
Und du nicht
Im Schemenhaften alles verbaust
Entdeckst du den Sonnenaufgang
Der dich führt zu einem Neuanfang.
Es ist das Vertrauen
Zu wissen
Du kannst immer auf Gott bauen.

ZWEIFEL

Wenn dich Zweifel plagen
Und du drohst zu versagen
Dann folge deinem Herzen
Denn nur so verlassen dich die „Schmerzen".
Peinige dich nicht
Denn es ist nur das Ego
Das da zweifelt und spricht!
Hör auf deine innere Stimme
Verlasse dich nicht nur auf die fünf Sinne
Sie könnten dich irreführen
In dieser Welt voller Allüren!
Sei du selbst
Lebe dein ICH
Du bist es wert
Klarheit und Wahrheit
Zeigen sich dann sicherlich.

EINFACH SEIN

In der Einfachheit
Liegt die Fülle.
Ich sehne mich
„einfach zu sein"!
Wirklich sein
Kann ich nur in der Stille.

WIESENBLUMEN-VISION

Ich sitze im Zug
Und fahre ins Grüne
In des Wortes wahrsten Sinne.

Einen Sitzplatz
Habe ich am Fenster ergattert
So wird mein Antlitz widergespiegelt.
Ich entdecke meinen ernsten Blick
Ich folge dem Blick, und weiß
Die Traurigkeit und Sorge zu deuten.
Es ist alles wunderschön
Blauer Himmel und viel Grün
Zu viel Grün!
Das Mähen der Wiesen
Geschieht viel zu früh!
Die Monokulturen erschrecken mich
Keine Insekten
Keine Schmetterlinge in Sicht!

Keine Wiesenblumen
Keine Bienen, die sich tummeln.
Von bunten Blumen ganz zu schweigen
Magere Wiesen ohne Zweifel!
Nur Straßen
Und nur Grün
In vollen Maßen.
Jetzt verstehe ich, dass die Bienen
Sich in Städten wohler fühlen.
Da gibt's noch Gärten und Balkone
Voller farbenfroher Blumen.
Auch im Frühjahr
Wehrt sich die Erde.
Sie zeigt es
Mit vielen Löwenzahnfeldern.
So weit das Auge reicht
Kaum andere Blumen
Weit und breit.
So wie der Sonnenwirbel
Auch dem Menschen hilft
Bei Wut und Ärger
Genauso bedient sich
Auch die Erde
Mit dem gelben Schrei
Der Sonnenwirbel.
Da gibt es noch viel zu schreiben …
Von den Kühen auf ihren Weiden
Deren Milch auf Nährstoffe wartet
Die sich nur zeigt
In einer wiesenblumenreichen Welt!

Kommt, wir lassen Wiesenblumen wachsen!
Als Dank zeigen uns die Blumen
Mit ihrer Blüte ihr Lachen.
So zaubern sie ein Lächeln
Auch auf unsere Gesichter.

ICH ÖFFNE MEINE HÄNDE

Ich öffne meine Hände
Um die Traurigkeit loszulassen.
Ich öffne meine Hände
Um den Segen Gottes aufzufangen.
Wenn ich die Hände schließe
Dann nur, um zu beten …
Um eins zu sein mit Gott.
Ich öffne meine Hände
Und fühle den Energiewirbel!
Er formt ein Herz
Ich trage das Herz auf Händen
Es spiegelt die Regenbogenfarben
Ich umarme mich
Das Regenbogen-Herz umhüllt mich.

MIT HERZ GEHT'S IMMER

Hörst du das Lied deiner Seele?
Mit Herz geht's immer.
Brauchst du einen Kompass
Auf deinem Lebenspfad?
Mit Herz geht's immer.
Hörst du zu, wenn ein Freund
Sein Leid klagt?
Mit Herz geht's immer.
Suchst du deine Wahrheit?
Mit Herz geht's immer.
Wir schreiten auf Erden
Dem Himmel entgegen.
Mit Herz geht's immer.
Wir füllen Raum und Zeit
Mit Gedanken an die Ewigkeit.
Mit Herz geht's immer.

GEBET

Lieber GOTT
Lass den Wind durch meine Seele sausen
Lass die Sonne mir mein Herz erwärmen
Lass den Mond meine Träume erhellen.
Lasse Schmetterlinge
Grüße von DIR senden.
Lass das Lied der Amseln erklingen
Welche mir vom Trost
Und Glück vorsingen.
Lass es Blütenmeere regnen
Lasse Bienen sich drauf tummeln.
Lass mein Herz
Die Friedens-Trommel schlagen.

Lass mich im Rhythmus
DEINES Herzens tanzen
Und meinen Seelen-Boden
Mit Erkenntnis
Und Dankbarkeit bepflanzen.
Die Blüten, die daraus erwachen
Danken DIR aus vollstem Herzen.

ABSCHIED VON EINEM FREUND

Einen Freund, den man lieb hat
Lässt man nicht gerne gehen!
Und doch, weil man ihn liebt
Will man ihn nicht leiden sehn!
Du hast so manche Tat vollbracht
Die von unsereiner keiner hätt gewagt!
Geh deinen letzten Weg in Frieden
Und sei gewiss … deine Liebste
Lässt du in guten Händen!
Du lehrst uns, den Mut zu haben
Mit Geduld und Genügsamkeit
Das Schicksal im Leben zu tragen!
Vergiss nicht, hinterlasse Spuren
Denn früher oder später
Werden wir dir alle folgen.
Dann treffen wir uns
Im göttlichen Licht
Und wer weiß, ob es nicht wieder
Einen gemeinsamen Anfang gibt?

HERBSTLIED

Der Herbstwind
Erzählt mir von seiner Sehnsucht.
Ganz geschwind
Wirbelt er die Blätter durch die Luft
Und lässt sie tanzend fallen
Vom Himmel zur Erde
Ohne sich zu sorgen.
Das ist Liebe!
Nun trommeln auch die Eicheln
Ihr Herbstlied auf die Erde.
Aufmerksam hört mein Herz
Das Mantra:
„Liebe ist der Anfang ... Liebe ist das Ende"
Es ist das Loslassen
Es ist das Fallenlassen
Was Freiheit bringt ...
Für einen Neuanfang
Mit Herbstgesang.
So nehme auch ich Abschied
Von Worten und Gedanken
Die meine Seele schrieb
Und wünsche mir
In der Unendlichkeit der Zeit
Dass ihr alle da draußen
Mit dem Herzen könnt lauschen
Für alle
Ewigkeit.

Die Autorin

Brigitte Herbert wurde 1960 in Großschenk, Rumänien, geboren. Nach dem Fachabitur und einer Tätigkeit in der Textilbranche wanderte sie 1990 nach Deutschland aus, wo sie zuerst eine Ausbildung zur Bürokauffrau und später eine weitere zur Heilpraktikerin absolvierte. Letztere half ihr dabei, zu einer guten Balance im Leben zu finden.

Neben Lesen und Schreiben zählen Wandern, Sport und Tanzen zu den liebsten Beschäftigungen der Autorin.

novum VERLAG FÜR NEUAUTOREN

Der Verlag

> *Wer aufhört besser zu werden, hat aufgehört gut zu sein!*

Basierend auf diesem Motto ist es dem novum Verlag ein Anliegen neue Manuskripte aufzuspüren, zu veröffentlichen und deren Autoren langfristig zu fördern. Mittlerweile gilt der 1997 gegründete und mehrfach prämierte Verlag als Spezialist für Neuautoren in Deutschland, Österreich und der Schweiz.

Für jedes neue Manuskript wird innerhalb weniger Wochen eine kostenfreie, unverbindliche Lektorats-Prüfung erstellt.

Weitere Informationen zum Verlag und seinen Büchern finden Sie im Internet unter:

www.novumverlag.com